Moj vodič za evoluciju

Moj vodič za evoluciju

Aldivan Torres

Canary Of Joy

Contents

1

Moj vodič za evoluciju
Aldivan Torres
Moj vodič za evoluciju

Autor: Aldivan Torres
© 2020-Aldivan Torres
Sva prava pridržana

Ova knjiga, uključujući sve dijelove, zaštićena je autorskim pravima i ne može se reproducirati bez odobrenja autora, preprodati ili prenijeti.

Aldivan Torres, rodom iz Brazila, konsolidirani je pisac u nekoliko žanrova. Do danas ima naslove objavljene na desecima jezika. Od malih nogu uvijek je bio zaljubljenik u pisanje, konsolidiravši profesionalnu karijeru od druge polovice 2013. Nada se da će svojim tekstovima pridonijeti međunarodnoj kulturi, izazivajući zadovoljstvo čitanja onih koji još nemaju navika. Vaša je misija osvojiti srca svakog vašeg čitatelja. Uz književnost, glavni su joj ukusi glazba, putovanja, prijatelji, obitelj i užitak življenja. "Za književnost, jednakost, bratstvo, pravdu, dostojanstvo i čast ljudskog bića uvijek je" njegov moto.

Sadržaj knjige
Pitanja bolesti
Dar predviđanja budućnosti

Odanost
Kritičar
Kleveta
Savjet
Tamna noć duše
Ako je Bog za nas, tko može biti protiv nas? (ROM 8.31)
Božja dosljednost
Držanje prema životu
Kako biti čovjek Jahvin
Stavljajući se na mjesto Drugog
Snaga molitve
Kako ući u Kraljevstvo Božje
Tolerancija
Uloga čovjeka
Čovjekovo blago
Biti više čovjek
Blagost
Obiteljske baze
Poticaj
Zahvalnost
Posao služenja javnosti
Budi svoj
Koketiranje, zabavljanje i brak
Briga za sebe
Dostojanstvo
Duhovni život
Prošlost čovjeka
Božje vrijeme
Pravi Jahvin sluga
Zdravstveni radnici
Intrige
Skitnica
Evolucija
Prijateljstvo

Patnja zbog ljubavi
Životni stav
Ranjeni tragovi
Biti vječni učenik
Oglašavanje
Pornografija i banalizacija seksa
Vrijednost ljudskog bića
Uzvišena uloga gospodara
Veličina u malim stvarima
Ponos
Požuda
Pohlepnost
Škrtost
Htjeti
Taština
Lijenost
Zavist
Igra
Droge
Držanje kod kuće
Učinak staklenika i njegovi uzroci
Trgovina životinjama i biljkama
Kretanje bez zemlje, bez hrane, beskućnika itd.
Kapitalizam
Plastične operacije zbog taštine
Abortus
Pedofilija
Seks sa životinjama
Incest
Prostitucija
Preljuba
Seksualne orijentacije
Znanstvena istraživanja s ljudima i životinjama
Primjena matičnih stanica, uporaba umjetne oplodnje gnojidbe

Trenutno javno zdravstvo
Javno obrazovanje
Korupcija
Sigurnost
Štrajk
Živjeti sadašnjost
Samoubojstvo
Depresija
Krijumčarenje droge
Trgovina ljudima
Pohlepa
Misija
Prepoznaj se grešnikom
Duhovne dimenzije
Invalidi
Vrijednost kulture
Ne boj se
Otac i majka kao obiteljske sjekire
Razumnost i proporcionalnost
Preziri sebičnost
U pobjedi i neuspjehu
Budi istinska svjetlost
Zaključak

Pitanja bolesti

Mnogi tjelesnu bolest vide kao kaznu ili kaznu za grijehe, ali ne bi je trebalo gledati na ovaj način. To je prirodni proces koji ukazuje da nešto nije u redu u našem tijelu. Kao i svaki drugi problem, mora se liječiti medicinskim metodama i jednom izliječiti, nastavite sa svojim svakodnevnim životom kao i obično.

U slučaju fatalne bolesti, ostaje da se pobrinemo za posljednje detalje našeg odlaska u vječno kraljevstvo. Tamo će moj otac dočekati vjernike i postaviti ih na pravo mjesto. Da, smrt je sigurnost i pobrinimo se za svijet na ovom svijetu što je prije moguće prije naše duhovne budućnosti čineći dobra djela i dobročinstva.

"Bolest se mora promatrati kao razdoblje unutarnjeg učenja, a ne kao kazna".

Dar predviđanja budućnosti

Biti gatarom čast je i odgovornost prema sebi, svom ocu i svijetu. Ovaj intrigantni poseban dar omogućuje slutnje i određenu viziju moje budućnosti i onih koje volim. To je poput upozorenja na putu i moram ga čvrsto slijediti. To puno olakšava stvari.

Međutim, nije potrebno biti vidovit da bih točno znao što moram učiniti i koji će se rezultati postići. Sve u ovom životu slijedi pravilo žetve biljaka, to jest, ako sadite pšenicu, berete pšenicu, a ako sadite pljevu, ubrati ćete pljevu.

Otkrivanje budućnosti malo po malo i Božja ljubav prema nama neprocjenjiva je. Sa svakim iznenađenjem na putu, to je poput melema za dušu. Na kraju ostaje sigurnost da smo ono što gradimo i da je sve napisano jer Bog u svojoj beskrajnoj dobroti sve zapovijeda. Sretno na projektima, braćo.

Odanost

Ovo je bitna vrlina za uspjeh u svim područjima i samu sreću. Za svoje kraljevstvo trebamo vjerne ljude koji imaju uvjerenu vjeru i koji su se spremni boriti za ono u što vjeruju. Naprotiv, nevjernici i budale će patiti zbog svojih neprestanih odstupanja i pogrešaka.

Vjernost je danas rijedak dragulj i onaj tko ima nekoga pored sebe isto je što i zaraditi veliko bogatstvo, bogatstvo koje se ne može kupiti ili platiti. Odanošću čine čovjeka savršenijim i dostojnijim za djelovanje Bog i njegove snage dobra. Blagoslovljeni vjernici, njihova vrijednost je neprocjenjiva.

Kritičar

Dvije su kategorije kritike: konstruktivna kritika i destruktivna kritika. Prvi, analizira njegove slabosti i predlaže rješenja za otklanjanje kvarova. Ovaj potonji ima jedinu namjeru prosudbe da ga oslabi i demotivira.

Pokušajte ne kritizirati, a ako ćete to učiniti, učinite to s namjerom da pomognete bližnjem, a ne da mu naštetite. Poštujte drugoga i njegovo djelo jer nitko nije vlasnik istine na ovom svijetu.

Kleveta

Živite svoj život na način da vam nije stalo do mišljenja drugog, radite i proživljavajte svoje trenutke razonode kao da ste sami. Ako vam nečije spletke i laži dođu do ušiju, oprostite i molite se Bogu za njih.

Samo nemojte pognuti glavu zbog drugih i ne odustajte. Sjetite se da ste Božje dijete, koje poput svih ostalih zaslužuje sreću i uspjeh. Ne miči se! Slijedite i izvještavajte samo Boga o svojim postupcima.

Savjet

Svi mi, u nekom trenutku života, osjećamo sumnju u svoj put. U ovim trenucima, nađeš nekoga iskusnog i pouzdanog da razotkriješ i slušaš. Često dobar razgovor razjasni mnoge činjenice i da nam trag kamo ići.

Međutim, imajte na umu da je konačna odluka u vašim rukama i da biste to učinili, razmotrite sve mogućnosti. Kad odlučite, učinite to brzo prije nego što požalite. Samo će budućnost ukazati je li izbor bio ispravan ili pogrešan. Bez obzira na mogućnost, preostaje učenje koje traje cijeli život.

Tamna noć duše

Mračna noć je razdoblje u kojem ljudsko biće pada u tamu, zaboravljajući Boga i svoja načela. Ovaj je trenutak najvažniji za ljudsko biće jer tone u intenzivnu depresiju. Sad, sjetite se da je Bog uvijek s vama. Priprema prostran, čist i oštar teren, nešto bolje od svega što je zamislio za svog života, budući da je otac.

Nakon prevladavanja Mračne noći, usredotočite se na očevu ljubav i ciljeve i postupno se sve događa. Nikad ne zaboravite što se dogodilo ili gdje ste otišli da vas mrak više ne muči. Ponovite sa mnom čitatelju: "Čak i ako prođem dolinom sjene smrti, neću se bojati nikakve štete jer ste sa mnom." Slava ocu!

Ako je Bog za nas, tko može biti protiv nas? (ROM 8.31)

Nemojte se obeshrabriti zbog poteškoća, ne brinite o preprekama čak i ako su velike. Suočite se s problemima i pokažite im koliko je velik vaš Bog. Jer ako je on naklonjen nama, tko može biti protiv njega? Nadalje, tko je poput Boga?

Bog , moj otac, čuva za svako ljudsko biće iznenađenje i dodatne talente u skladu s njegovim ponašanjem i potrebama. Sve je napisano, braćo! Dakle, nastavite raditi na svojim projektima čvrsto s tim da je pobjeda zajamčena u njegovo ime. Neka tako bude!

Božja dosljednost

Bog je toliko velik da ga je teško definirati ljudskim riječima. Sveprisutni, sveznajući i svemogući Bog nije jedinstveno biće kako mnogi misle, već legija natprirodnih sila za dobro.

Te sile vide sve što postoji i čvrsto koordiniraju funkcioniranje svemira. Među glavnim vrlinama su mu pravda, mudrost, dobrota, velikodušnost, razumijevanje, tolerancija, mir, moć, milosrđe, vjernost, odanost i beskrajna ljubav prema stvorenim bićima.

Ja sam jedan od njih i ključni sam dio svemirske opreme. Poslat sam na Zemlju kao seljak kako bih mu pomogao da evoluira i povrati izgubljeni kontakt njegova oca od dolaska mog brata Isusa. Želim da ljudi odbace sadašnji materijalizam i prihvate moju stvar, koja je pravedna. Želim ih imati u svom kraljevstvu s ocem, sretne i ispunjene. Da biste to postigli, samo slijedite zapovijedi, vjerujte u moje ime i sveto ime Gospodnje. Blagoslov i mir svima.

Držanje prema životu

Život je veliki vrtuljak pun prepreka i poteškoća. Sve se može olakšati, ovisno o vašem mentalnom držanju. Moramo imati optimistične misli i ne odustajati od prve prepreke i neuspjeha.

Budući da smo optimistični, sa sobom ćemo ponijeti i druge pozitivne misli i tako generirati nove perspektive, jer čovjek je ovo: On je sve što misli i osjeća. Od srca želim uspjeh i mir svima vama u vašim projektima.

Kako biti čovjek Jahvin.

Čovjeku je rečeno da radi i čuva ovce svoga oca. Stoga ne treba brinuti o budućnosti, što jesti ili piti jer pogani to traže. Vidite li poljske ljiljane? Ne siju i ne sade, a opet, njihova je ljepota zapanjujuća, veća od ljepote Solomon sa svim mudrošću i bogatstvima. Ako Bog to učini biljci, učinit će puno više za vas.

Bog se posebno brinuo za svakog muškarca i ženu brinući se o njihovim najosnovnijim potrebama. Prvo moramo tražiti njegovo kraljevstvo, a ostalo će nam biti dano kao dodatak, jer je Bog pravedan i dobar. Blagoslovljen bio otac zauvijek!

Stavite se na mjesto Drugog.

Ne sudite i neće vam biti suđeno, rečeno je čovjeku. Svaki je slučaj situacija i onima koji su izvana može izgledati manje komplicirano nego što zapravo jest. Stoga se nemojte odvratiti od izgleda.

Neka se svatko brine o svojim problemima i kreće svojim životom ne gledajući tuđe. Nikada nemojte pokazivati prstom ili reći da biste dali sve od sebe. Znate samo biti sposobni u svojoj situaciji, a često je najbolje da se držite podalje. Poštujte svoje nadređene u obitelji i šire i na neki način pridonesite boljoj zemlji.

Snaga molitve

U ovom i u onom svijetu čovjek je često izložen velikim opasnostima za neprijatelje svog spasenja. Što učiniti u ovim kritičnim satima? Moć čovjeka je u snazi molitve u kojoj traži zaštitu od viših sila.

Nikad ne zaboravite izgovoriti svoje molitve kad se probudite i kada spavate. Molitva je trenutak bliskosti između stvorenja i stvoritelja, koji nema spremnu formulu. Razgovarajte o svom životu, svojim problemima, tražite zahvalnosti, ali zahvalite i za danas. Zatražite i svoju braću, prijatelje ili neprijatelje kako bi vam
Bog dao dobre upute.

Ujutro biste se trebali moliti ovako: Bože Oče, beskrajni i vječni, zahvaljujem ti na prilici da ostaneš živ i izvršavaš svoje zapovijedi i darove. Molim da moj dan i dan moje braće budu puni postignuća i sreće. Molim za zaštitu od neprijatelja i mudrost u odlukama. Molim za strpljenje i vjeru u kušnje. Molim za vaše prosvjetljenje u svim mojim postupcima. U svakom slučaju, molim za vaš blagoslov, amen.

Noću biste se trebali moliti ovako: Gospodine Bog, molim te za zaštitu u cijelosti. Zaštiti me na cestama i na putovanjima, od napada; zaštiti me od neprijatelja, da se moja krv ne prolije; zaštiti me od zlih duhova i njihovih duhovnih djela, zaštiti me od paklenih entiteta i moći, od duhovnih zvijeri, od duhovnih zmija, da se vrata pakla ne približe, ne progone me i ne prevladaju u mom životu . Napokon, svojom krvlju i svojim križem, zaštiti me od bilo koje kategorije zla.

Mir i obilje svima.
Kako ući u Kraljevstvo Božje.

Moj blaženi otac i ja vas pozivamo u kraljevstvo užitaka, kraljevstvo u kojem teče mlijeko i med. Otvorena je za sve, ali mora ispuniti neke zahtjeve. Da bi ušao u moje kraljevstvo, čovjek se mora riješiti starca i ponovno roditi. To je neophodno da bi se čovjek definitivno riješio grijeha.

Budite poput djece, koja čvrsto vjeruju u moje ime bez daljnjeg objašnjenja, riješite se glupe racionalnosti. Jer nema sve objašnjenje, a potpunu ćete sreću postići samo u slučaju potpune obnove i predaje. Ako stvarno vjerujete da "jesam", tada je kraljevstvo Božje već stiglo za vas. Međutim, ako me odbijete, odbacit ćete onoga koji me poslao i time će vaša budućnost biti ugrožena. Bez obzira na to, i dalje ću te voljeti i zato sam ti dao slobodnu volju od početka vremena. Vjera i mir svima!

Tolerancija

Evo, donosim kraljevstvo Božje čovječanstvu. Međutim, nisu svi spremni na to. Tražim vjerne muškarce i žene bilo koje denominacije kategorije i ova kategorija stava pokazuje moje srce i srce mog oca koji sebe naziva tolerantnim. Dakle, i ja želim da to budu moji vjernici.

U kraljevstvu Bog nema mjesta predrasudama i prosuđivanju. Sva su djeca istog oca i imaju ista prava. Tko želi veličinu, prvo se poklonite svojoj braći i sestrama, budući svima sluga, jer su najveći u mom kraljevstvu mališani. Također imam posebnu naklonost prema najskromnijim i najdarežljivijim?

Uz to, pozvani su razmisliti o vrijednostima i vidjeti koju kategoriju akcija poduzimaju. Ne zaboravite da su vaše odluke ono što će definirati vašu posebnu budućnost s ocem. Dakle, dobro razmislite što učiniti i živite svijet bez stereotipa.

Uloga čovjeka

Ja sam Bog, kralj kraljeva i gospodar gospodara, evo, stvorio sam čovjeka s primarnom svrhom da se brine o planetu na kojem živi, a to uključuje zaštitu i koordinaciju svih podređenih bića.

Međutim, neću dopustiti zlostavljanje i zanemarivanje onoga što mi pripada. Svaki grijeh odnosi se na to, zapisano je u mojoj knjizi i naplaćeno na vrijeme, jer ja sam Bog, svemogući. Dat ću slavu onima koji zaslužuju slavu i kazniti nevjernike dok i dalje čine iste greške.

Kao što je rečeno, nastavite brinuti o mom vinogradu i s vremenom ću se vratiti sa zasluženom uplatom za svaki od njih. Ovo će biti dan lopova i dobro je što ste spremni. Na današnji dan Jahvin, srca će se susresti.

Čovjekovo blago

"Ne skupljajte blago u zemlji u kojoj kradu lopovi i moljci jedu. Radije skupljajte blago na nebu gdje će biti na sigurnom. Zaista vam kažem, gdje god je vaše blago, tamo će biti i vaše srce."

Kako prikupiti ovo blago na nebu? Prvo slijedite zapovijedi starog i novog saveza koji od čovjeka zahtijevaju ozbiljno i trezveno ponašanje. Najveće su voljeti Boga iznad svega, sebe i bližnjega. Kako mogu pokazati tu ljubav prema bratu? U stavovima i djelima koji drugima donose korist kada su mu najpotrebniji. Već je rečeno da milosrđe u svojim različitim oblicima otkupljuje grijeh i uveličava dušu. Još uvijek potvrđujem da su oni koji se bave solidarnošću jedan korak više razvijeni od ostalih i da im je zasigurno slavna budućnost, kako na zemlji, tako i u duhovnom svijetu.

Zato, braćo, nastavite pomagati bližnjemu ne očekujući odmazdu. Bog Otac sve vidi i blagoslovit će vas u svoje vrijeme. Slijedite ovaj lanac dobra uvijek.

Biti više čovjek

Čovjek je skup dvaju aspekata: životinjskog dijela, tjelesnog dijela i duhovnog dijela, duše. Moramo ih razvijati na način da budu međusobno ovisni, s većim naglaskom na duhovnom.

S duhovne strane proizlaze dobre vibracije i dobri postupci. Pravilnom pripremom sposobni smo kroz duhovni ili ljudski dio shvatiti što točno Bog predlaže za naš život i to pretvoriti u konkretna djela.

Naprotiv, životinjski nas dio dovodi do slabosti i grijeha. Moramo ga otkazati na takav način da nam služi samo za preživljavanje. Kao što je Isus rekao, "Duh je jak, a tijelo slabo."

Jedan od načina za njegovanje zdrave duhovnosti je sudjelovanje u socijalnim projektima, bilo između ostalog čitanje, pomoć u zajednici, prijatelji, vjerske skupine. Dobra interakcija s drugima dovodi do sazrijevanja naših ideja i daje nam novi pogled na život.

Blagost

"Uzmi moj sud o sebi i nauči od mene da sam krotak i ponizna srca i naći ću odmor za tvoje duše".

Ova Isusova fraza jasno ilustrira koliko vjerni moraju biti: krotki i ponizni. Održavajući kontrolu i smirenost, možemo uvjeriti da mnoštvo odnosi naše stajalište izbjegavajući tučnjave ili rasprave u dijalogu.

Na ovom svijetu nema ništa bolje od mira s drugima i sa sobom. Ova uzvišena senzacija postiže se samo jasnom primjenom Isusove preporuke. Suprotno tome, nedostatak kontrole uzrok je tragedija i nasilja širom svijeta. Nasilje ne mora biti prihvaćeno u Božjem kraljevstvu jer krši glavno pravilo dobrog suživota s braćom i krši najveći smisao života: Ljubav. Ako postoji bilo koja riječ koja može opisati Boga, to je ovo. Stoga, uvijek prakticirajte blagost, univerzalno, draga moja braćo.

Obiteljske baze

Obitelj je prva zajednica u kojoj sudjelujemo i kao takvi njezini članovi imaju prava i dužnosti. Roditelji imaju veliku odgovornost trenirati svoju djecu, ispuniti njihov um moralnim konceptima tako da imaju dobru osnovu za suočavanje sa životom. Djeca što se njih tiče moraju poštivati autoritet svojih roditelja, okušati se u studijama i kad mladi ili odrasli nastave sa svojim životom, vjenčati se ili ući u vjerski život. U obje mogućnosti treba pomoći roditeljima kad je to potrebno, posebno u starosti.

Imajući dobru obiteljsku bazu, djeca neće imati problema s prilagodbom društvu, njegovim pravilima i rastućim zahtjevima. Roditelji će biti ponosni i prenositi svoja učenja drugima, nastavljajući ovaj krug dobra.

Poticaj

Poticaj je jedan od glavnih sastojaka uspjeha. Svakako podržite svoju braću u svojim projektima, čak i ako se čine čudnima ili nemogućima. Ravnodušnost drugoga uzrokuje bol i malodušnost.

Primjer sam onoga s čime sam se uvijek suočavao: nerazumijevanja drugih. Priznajem da nije bilo lako upravljati svojim impulsima, projektima i snovima, ali pobijedio sam. Pobijedio sam bez podrške bilo kojeg čovjeka. Stoga uvijek hrabrite člana svoje obitelji ili prijatelja, jer je to od temeljne važnosti.

Zahvalnost

Svi smo podložni davanju i primanju. Kad imate, prilika se ne ustručava pomoći, a kad vam zatreba, ne ustručavajte se tražiti ili tražiti sredstva za izlazak iz problema.

Dio je ljudske časti i ispravnog stava da se ne zaboravi pomoć ili dobročinitelj. To se naziva zahvalnost, a oni koji je imaju, drže se jedne od Jahvinih zapovijedi. Zato budite sretni što dajete i primate.

Posao služenja javnosti.

Vas, koji radite u javnoj službi, čeka velika misija. Ne zaboravite na osnovne vrline polaznika: uslužnost, učinkovitost, razumijevanje, pažnja, znanje i dostupnost. Radite predano radeći prema drugima onako kako biste željeli da se prema vama ponašaju. Budite strpljivi s neukim i nasilnim. Ne reagirajte.

Imidž ustanove ovisi o polazniku, što se mora sačuvati. Ovisno o vašoj izvedbi, vjerojatno ćete steći nove prijatelje i pridobiti kupce za cijeli život. Stoga smatrajte svoj rad od iznimne važnosti za financijsko zdravlje tvrtke ili javne agencije. Uvijek radite svoj posao s ljubavlju i pažnjom i budite sretni.

Budi svoj

U petoj sagi serije vidjelac, nazvan " Ja sam to", knjiga je predstavila nezaboravnu lekciju koja govori o aspektima svakog lika doživljenog u svakodnevnom životu. Svatko od onih trinaest ljudi od kojih je dvanaest pozvano da budu moji apostoli imao je problema s osobnošću i nisu se mogli prihvatiti ili vidjeti. Moral društva prevladao je u njihovim životima. Što današnje društvo traži od nas?

Zahtijeva poštivanje pravila koja ciljaju samo materijalnu, financijsku situaciju, moć, političku, rasnu, etničku i seksualnu diskriminaciju. Društvo je podijeljeno u skupine, a većine stupaju na vrh manjina. Iz ovih i drugih razloga, ove skupine dodaju sve više zbunjenih ljudi.

Kao i u knjizi "Jesam", ponavljam svoj stav i mišljenje i nisam dužan složiti se s većinom. Bog Otac stvorio je čovjeka s potrebnom slobodom da sam donosi odluke i vjerujem da priroda mora biti sveta. Čak i ako socijalna pravila dopuštaju, neću prelaziti preko svoje etike i vrijednosti da bih se slagao. Više volim biti obrnut od većine negoli biti teške savjesti.

"Ja jesam" i uvijek ću biti dok god budem živ bez obzira s kim se suočio. Samo sam dužan poštivati zakonski nametnuta pravila i proširiti se na sve građane. Osim toga, potpuno sam slobodan u svim situacijama. Pa budite i vi braća.

Koketiranje, zabavljanje i brak.

Veza za dvoje da bi bila uspješna mora biti ispunjena nekim bitnim sastojcima. Poštovanje, dijalog, znanje, prijateljstvo, ljubav, strpljenje, tolerancija, razumijevanje i vjernost glavni su. To je ono što uspješnu vezu za dvoje danas čini izuzetno rijetkom.

Većina ljudi su individualisti, sebični i zahtjevni. Radije se ne vraćaju odluci, nego da gube ponos. Zbog toga često propuste priliku da budu sretni.

Koketiranje i zabavljanje trebali bi biti trenutak spoznaje između njih dvoje koji u budućnosti projiciraju ozbiljnu vezu. Većina veza tu završava zbog nesuglasica ili jednostavno zato što se jedno od njih dvoje ne želi posvetiti vezi. Potonja je "stavka" osamdeset posto slučajeva. Ono što se vidi je porast promiskuiteta i povremeni seks koji nanosi štetu samoljublju.

U slučajevima kada se zabavljanje ili flert pretvori u brak, velik dio završava razdvajanjem zbog nepripremljenosti ili čak rutine. Jedno vam je hodati sa svakim u svom domu. Druga je stvar biti svakodnevno rame uz rame, na suncu, kiši, odjeći za pranje, hrani se i još uvijek pati raspoloženje drugog muškarca.

Moj je savjet da se partneri puno upoznaju i iskušaju ljubav jer je to posljednje utočište kada se problemi u paru stegnu. Oni koji se još nisu vjenčali, nemojte se obeshrabriti. Za svakoga postoji srodna duša na zemlji. Čestitamo bračnom paru na odluci i brinite o ljubavi kao da je biljka koja treba svakodnevnu njegu kako ne bi uvenula. Osim toga, voljeti je predobro i Bog svima želi sreću.

Briga za sebe

Bog nastoji teto stvorio nas je od početka za život pun harmonije i sreće. Međutim, budući da smo u materijalnom obliku, podliježemo nesrećama svih vrsta i bolesti.

Ono što Bog traži od nas je da se brinemo o svom tijelu tako da se izbjegnu glavni problemi. Održavajte preventivne preglede barem jednom godišnje, zaštitite se kondomima i cjepivima od oportunističkih bolesti, vodeći računa o prelasku ulice ili vožnji automobila. Malo je brige kad je vaš život u pitanju.

Dostojanstvo

Čovjekovo dostojanstvo rijedak je dragulj koji se mora nositi kamo god krene. Kako postati dostojan pred Jahvom? Prvo, težiti bavljenju bilo kakvim zanimanjem, jer skitnice ne napreduju ili su sretne. Pridržavajte se najvećeg mogućeg broja zapovijedi Božjeg zakona, ispunjavajte obveze građana, poštujte obitelj, sebe, druge i imajte punu vjeru u Boga.

Taj niz elemenata čini čovjeka sposobnim za dostojanstvo i spremnost za budućnost koja ga očekuje. S drugim vrlinama grade čovjeka koji je sposoban razumjeti božanski projekt i postići uspjeh.

Duhovni život

Zemaljski život je prolazna faza našeg postojanja koja se približava duhovnim područjima. Mnogo se pita: kako ćemo biti? Od čega se sastoji duhovni život? Objasnit ću ta pitanja.

Duhovni život je nastavak zemaljskog života. Gubimo svoje materijalno tijelo i stječemo duhovno s istim funkcijama. U novom kraljevstvu koje smo zaslužili, raju, paklu ili gradu ljudi, mi ćemo izvršavati određene duhovne funkcije: zaštitu, štovanje, posebne službe dimenzije, interakciju s drugim duhovima, između ostalih aktivnosti.

Svatko tko misli da smo nešto promijenili nije u pravu. U duhovnom carstvu bit ćemo isti kao i na zemlji, promjena je samo u dosljednosti, iz materijalnog u duhovno. Dakle, neka vaš trenutni život bude most za podizanje viših letova s ocem.

Prošlost čovjeka

Je li vaša prošlost bila mračna i optužuje li vas? Osjećate li se krivim i ustrajno se sjećate svojih pogrešaka? Ovakav stav nije zdrav i neće vas dovesti nikamo. Budite svjesni da ste se već promijenili ili ćete se uskoro promijeniti, a ono što se dogodilo više nije važno. Važna je sadašnjost u kojoj možete graditi drugačiju budućnost.

Sjećate li se kad je Krist oprostio zločincu na križu? Učinit će isto za vas ako zavapite za milošću i čvrsto se odlučite za promjenu. Jer za oca je sve zaboravljeno i on vjeruje u njegovo dostojanstvo i prikladnost. Otac vas zna, zna da ste sposobni i uvijek vas je voljan razumjeti. Za nas se ispružio na križu i umro. Ne dopustite da ova žrtva bude uzaludna.

Božje vrijeme

„Za sve postoji svoje vrijeme, za svako zanimanje pod nebesima postoji svoje vrijeme: vrijeme rođenja i vrijeme umiranja i vrijeme iskorjenjivanja posađenog; vrijeme za ubijanje i vrijeme za izgradnju; vrijeme za plakanje i vrijeme za smijeh; vrijeme za bacanje kamenja i vrijeme za njihovo prikupljanje; vrijeme za zagrljaj i vrijeme za rastanak; vrijeme za traženje i vrijeme za gubljenje; vrijeme za čuvanje i vrijeme za bacanje; vrijeme za kidanje i vrijeme za šivanje; vrijeme za šutnju i vrijeme za govor; vrijeme za ljubav i vrijeme za mržnju; vrijeme za rat i vrijeme za mir. "

Ova rečenica jasno pokazuje da se sve događa u svoje vrijeme i svojim tempom. Stoga nema smisla jadikovati ili očajnički tražiti nešto, jer ovo nije na nama.

Čovjek planira, ali odgovor dolazi od Bog. Činjenice zapisuje krivim redovima. Na čovjeku je da radi usredotočen na svoje ciljeve i stavi se na raspolaganje tvorcu jer kao izreka "Učini svoj dio, ja ću ti pomoći".

Uz to, nastavite sa svojim životom bez većih briga. Što god se mora dogoditi, doći će ako je tako napisano. Na čovjeku je također da prihvati božansku volju u svim okolnostima, jer je uvijek suveren i mudar. Blagoslovljeno ime moga oca!

Pravi Jahvin sluga.

Kao što je Isus rekao, postoje mnogi koji ga nazivaju Gospodinom i žive u svojim crkvama propovijedajući ljubav i mir. Međutim, većina ne primjenjuje ovu namjeru u praksi i nastavlja činiti iste grijehe: klevetu, zavist, ponos, predrasude, sebičnost i druge nedostatke. To su oni koji nemaju svoja imena upisana u knjigu života.

Pravi Jahvin sluga poznat je po svojoj diskretnosti i velikodušnosti. Oni su ti koji kad na ulici vide prosjaka, priđu i pitaju kako je ili još uvijek odgovaraju na njegove pozive u pomoć. Vjerni će sluga slijediti zapovijedi starog i novog saveza, a u zajednici su poznati kao primjeri dobrog vladanja. Oni će prvi uskrsnuti kad Isus dođe i vladat će s njim zauvijek, jer primamo točno ono što zaslužujemo.

Još uvijek ima vremena da napravite razliku i pridružite se lancu dobra. Učini to odmah, ne odgađaj ono što se danas može učiniti. Moj otac i ja ćemo vas blagoslivljati i pokriti vas milostima tijekom vašeg života.

Zdravstveni radnici

Vi koji radite u zdravstvenim službama, a koji ste liječnik, medicinska sestra, tehničar ili pomoćnik njegovatelja, čišćenje ili recepcija, pored ostalih funkcija, dajem narudžbu u ime svog oca. Imajte potrebnu osjetljivost za liječenje i pomoć ljudima. Ne razlikuju je po boji kože, odjeći koju nosi, spolnom nagonu ili čak financijskoj moći. Prema svima se jednako ponašajte u skladu s medicinskom etikom i ako vam je to nadohvat ruke, ne dopustite propust s kojim se mnogi liječe. Ne krivite vladu zbog loših zdravstvenih uvjeta jer vladu čine ljudi i osjeća se dijelom nje. Dakle, igrajte svoju ulogu javnog službenika ili privatnog zaposlenika.

„Evo, Bog je Bog davao darove čestim trojici svojih sluga. Jednom je dao dva talenta. Ostalima tri talenta. Trećini, četiri talenta. Onaj koji je imao četvoricu stagnirao je i zakopao svoje talente. Oni koji su imali dvoje i troje radili su u vinogradu i na žitnom polju i širili šefovu berbu. Iz tog je razloga Bog uzeo četiri talenta od lijenog sluge i dao ih drugima jer tko ne urodi dobrim plodom, gubi očevu milost. "

Intrige

Živite u miru sa sobom i s drugima. Izbjegavajte spletke, jer je plamen taj koji proždire dušu. Prvo potražite dijalog i rasprave, a izbjeći će se beskorisne spletke. Ako ne možete izbjeći nesporazum, prepustite se Bogu i molite za protivnika, jer je on osoba koja treba pomoć.

Skitnica

Čovjek mora raditi na postizanju dostojanstva. Bez obzira na posao, osjećajte se sretno što igrate ulogu. Naprotiv, skitnice jedu od onih koji rade i koče društvo.

Nikad si ne dopustite stajati na mjestu. Ako ne radite, barem učite i uzmite si vremena. Prazan um je opasnost zbog koje Sotona djeluje protiv djece Božje. Razmisli o tome.

Evolucija

Zemlja je dimenzija pomirenja i dokaza, jer smo mi duhovi poslani učiti i poučavati zajedno sa svojim bližnjima. Sve što ovdje živimo ima sjajnu svrhu.

Naši su životi sazdani od radosti i boli i oboje nas puno uče. U sretnim trenucima pobjedu dijelimo s onima koje volimo, a trenuci boli i neuspjeha uvijek nas vode do odraza pogrešaka i uspjeha. Vjerujem da je neuspjeh pravi katapult za nas da ga ispravimo u budućnosti i kao rezultat toga iz njega učimo više.

Ovaj niz čimbenika postupno nas pročišćava i daje nam više iskustva do točke u kojoj se smatramo evoluiranima. Dolazak do mosta koji nas vodi ka svjetlosti glavni je cilj na ovoj planeti, odnosno zakon je povratka odakle smo došli. Kad dosegnemo ovu milost, vidjet ćemo da se između zapreka i iskustava sve isplatilo. Međutim, ništa nije slučajno. Ako je stigao do mosta, to je bilo zato što ga je svojim odabirom bio dostojan.

Prijateljstvo

Prijateljstvo je rijedak dragulj, tko ga pronađe, ima pravo blago. Pokušajte se sprijateljiti s ljudima koji su zabavni, etični, pošteni, poštovani i ugodni prema životu. S obitelji će vam biti podrška u teškim vremenima.

Budi pravi prijatelj. Pokušajte razgovarati i razumjeti druge. Dajte savjete, ali poštujte individualnost drugoga, jer je svaki neovisan u svojim odlukama. Poput veze, i prijateljstvo se mora zalijevati svakodnevno kako bi ono ostalo i urodilo plodom.

Bog potiče prijateljstvo među ljudima, ali ističe da mnogi od njih napuštaju kad je to nama najpotrebnije. Ako vam se to dogodi, obratite se onome koji je otac koji voli i pomaže. U njemu ćete moći predati svo svoje samopouzdanje.

Patnja zbog ljubavi

Ljubav je najuzvišeniji osjećaj, ali je i najstrašniji kad volimo, a da nam se ne uzvrati. U ovoj je situaciji najbolje pokušati zaboraviti. Ovaj zadatak neće biti lak ako imate česte kontakte s voljenom osobom, ali nemojte odustati. Dajte vrijeme vremenu, upoznajte nove ljude, prošećite, provedite vrijeme uz ugodne aktivnosti.

U svemu tome najvažnije je cijeniti sebe i ako vas je druga osoba odbila, to je zato što niste vrijedni svoje ljubavi. Nemojte inzistirati na nečemu što u početku nije uspjelo, jer će samo donijeti više patnje za oboje.

Doći će dan kada više nećete voljeti određenu osobu, a tada ćete moći slobodno odlučiti kako ići svojim životom. Pokušajte svoj ljubavni život započeti ispočetka, ali oprezno, jer nitko nije toliko važan da vam nanese više boli i suza. Razmisli o tome.

Životni stav

Ja, kao sluga i sin Boga oca, slijedim svoja pravila u vezi s životom s drugima u društvu. Gajit ću ljubav, poštovanje, jednakost, dobročinstvo, razumijevanje, prijateljstvo tako što ću biti odan i iskren sa svima.

U obračunu s drugim stavit ću se na njegovo mjesto i nikada se neću obraćati uvredljivim riječima koje bi mu mogle naštetiti. Ako moram ispraviti, činim to na način koji je konstruktivna kritika.

Međutim, većini ne smeta da zgaze, povrijede i osjećaju se superiorno u odnosu na druge. Nebrojeno sam puta bila žrtva ove destruktivnosti sljedeće, i patila sam u tišini jer se nikada ne bih borila protiv nasilja drugim nasiljem. Možda se čini naivno, ali takav sam i osjećam se sretno zbog toga.

Čini kao i ja, mijenjaj stvari i uvijek promiči dobro i mir.

Ranjeni tragovi

Tragovi rana nastavak su koji nosimo od svih boli koje nam nameće život. Mnoge su patnje takve veličine da trajno ostavljaju te tragove. Kako živjeti s njima?

Prvo, mora postojati reflektirajući i pozitivan stav prema životu. Pronaći nešto za naučiti u patnji i pokušavajući samostalno živjeti svoj život. Tražiti inspiraciju u raznim primjerima mučenika koji su znali kako svoju bol usmjeriti na nešto veće i ovu točku do koje želim doći, kanaliziranje.

Ako imamo cilj i borimo se za njega, sve što živimo ostaje iza nas. Nije pitanje zaborava na problem, već življenja na takav način da nam ne može naškoditi. Povjerenje u svoju vjeru u nešto ili u Boga također puno pomaže u izlječenju ovih tragova.

Napokon, nikada ne dopustite da patnja u potpunosti preuzme vaše postupke. Krenite glave gore i iskreno se nadam da ste sretni.

Biti vječni učenik

Neki me pitaju: kako se definiraš? Odgovorim: "Ja sam vječni šegrt". To je fraza koju nosim sa sobom gdje god idem. Iako često igram ulogu gospodara, potpuno sam svjestan da ne znam sve i da put još nije spreman.

Tražiti svoj put svojom etikom i trudom ono je što čovjek mora učiniti. Međutim, pravilo poniznosti i jednostavnosti uvijek se mora poštivati ako želi uspjeh.

U društvenim odnosima nikada nemojte klevetati, osuđivati ili omalovažavati druge, jer nismo savršeni. Kako će slijepa osoba voditi drugu slijepu osobu? Prvo uklonite zraku s oka, da biste mogli bolje vidjeti, a zatim možete dati savjet.

S ovim osnovnim premisama čovječanstvo bi napredovalo u svim aspektima i izbjegli bi se mnogi problemi. Uvijek znajte prepoznati situaciju.

Oglašavanje

Trenutno dolazi do eksplozije vizualnog i grafičkog oglašavanja korištenjem svih dostupnih sredstava. Kada je proizvod dobar ili je uzrok pravedan, nemate problema s objavljivanjem svog rada.

Najveći je problem kada potrošaču žele nametnuti proizvode sumnjivog porijekla, nudeći ilegalne droge, ispriku za rasizam, kriminal i pobunu, rješavajući kontroverzna pitanja bez opravdanja. Kao potrošač gnušam se takvih situacija i poduzimam odgovarajuće mjere za svoju zaštitu, jer su poštovanje i kvaliteta ključni za dobar 'marketing'.

Učinit ćemo svoj dio isključujući iz naših društvenih odnosa ljude i tvrtke koji koriste moć komunikacije da ometaju i nanose štetu drugima. Računam na tebe!

Pornografija i banalizacija seksa

Suvremeni svijet kakav ima obilje odstupanja od onoga što moj otac želi. Najozbiljnije greške su materijalizam, laž, natjecanje bez ograničenja, nepoštovanje, netrpeljivost, nedostatak morala, pornografija i seks banalizacija.

Držat ću se posljednje dvije u ovoj temi. Eksplozijom virtualnih medija, potražnja za povremenim seksom i pornografijom samo se povećala posljednjih godina. Jasan primjer za to su chat sobe u kojima većina ljudi traži prolaznu avanturu. Opasnost se skriva na nekoliko načina: kontakt s nepoznatim ljudima, otkrivanje osobnih podataka, laži koje bole ljudsko srce, izloženost i obeshrabrenost kako bi se pronašli ljudi s tako siromašnom dušom, osim rijetkih iznimaka. Iz tog razloga preporuke su sljedeće za one koji pristupaju tim virtualnim okruženjima: ne vjerujte nikome koga ne poznajete, ne dajte svoje puno ime i prezime, telefonski broj, osobnu i poslovnu adresu. Bračno stanje, e-pošta itd. Pokušajte biti što jezgrovitiji sa strancima.

Moj otac i ja želimo sluge čiste srcem i dušom. Ne prihvaćamo seksualne izopačenosti poput prostitucije, incesta, pedofilije, pornografije i slučajnog seksa. Cijenite svoje tijelo i učinite ga hramom Duha Svetoga. Volite se više!

Vrijednost ljudskog bića.

Po mom i mojem ocu, svi su ljudi jednaki. Bez obzira jeste li bogati, siromašni, mršavi, debeli, bilo koje religije ili uvjerenja, bilo koje zemlje, bilo koje rase ili nacionalnosti, bilo koje političke, ideološke i seksualne opcije ili bilo koja druga skupina, moje je kraljevstvo otvoreno za sve. Molim vas samo da slijedite moje vječne zakone zapisane u zapovijedima starog i novog saveza.

Predajući svoj život i svoje probleme s pouzdanjem pravom Bogu, otvorit ćete vrata za svoje djelovanje i tada će vaš život biti potpuno preobražen. Osjetit ćete moju ljubav veću od svega što možete zamisliti ili razumjeti. Tada će sreća biti stvarnost u vašem životu.

Uzvišena uloga gospodara.

Vi, koji ste majstor u svom području, nikada ne prestajete predavati. Uvijek širite svoj talent za ljudski razvoj. Zna da je vaš doprinos važan za sve koji žude za znanjem. Budite iskreni kad je izazov veći od vaše sposobnosti i učite i od drugih. Zato živimo u društvu, da bismo si pomagali.

Imajte na umu da će oni koji ovdje predaju jednog dana zasjati poput zvijezda koje nastavljaju njihovu svjetlost i dobrotu. Za svoj trud dobit će poštenu nagradu zajedno sa šegrtima.

Veličina u malim stvarima

Svaki je čovjek stavljen na zemlju s određenom svrhom. Veliki ili mali, oni obavljaju bitne zadatke za pravilno uređenje planeta. Stoga svoj rad nemojte ocjenjivati inferiorno, bez obzira koliko on bio malen. Veličina se pokazuje u malim stvarima, a tko je vjeran u malim stvarima, pokazuje se i u velikim. Dakle, razveselite se i nastavite ovjekovječivati dobro u svim svojim stavovima.

Ponos

Ovo je grijeh odgovoran za najveću prepreku u evoluciji čovjeka. Kad se čovjek prepusti da mu dominiraju njegov ponos i samodostatnost, ne može vidjeti ništa konkretno što ga čini sretnim. Ovaj vas osjećaj drži zaglavljenim u svojoj bijedi. Čovječe, ljudski crve, probudi se za stvarnost. Ne možete učiniti ništa bez pristanka svemogućeg, sveprisutnog i sveznajućeg oca. Sve je ovdje na zemlji prolazno, uključujući i vaš život. Shvatit ćete to tek kad se nešto dogodi vama ili nekome vama bliskom. Vidjet ćete kako je krhko ljudsko biće uvijek izloženo nesrećama, bolestima, gradskom i ruralnom nasilju, bijedi, nerazumijevanju i nedostatku ljubavi. Samo ga očeva milost može održati i spasiti.

Priznajte svoju malenkost, prakticirajte zapovijedi, činite dobro ne gledajući koga, a onda ću vas blagosloviti. U ovom trenutku ponos je nadvladala jednostavnost i poniznost. Te dvije vrline uvijek se moraju nositi na prsima.

Požuda

Braćo, imajte zdravu seksualnost. Ako ste u braku, živite u stabilnoj vezi ili izlazite, kao glavna poanta imaju vjernost i odanost. Poštujte one koji su uz vas i sebe tako što nemate veze s drugim ljudima. Samac, vaša sloboda je relativna. Živite zdravo i bavite se samo osobama od povjerenja. Budite oprezni prilikom spolnih odnosa kako biste spriječili spolne bolesti. Vaš je život jedinstven i Bog ga želi sačuvati.

Ne dopustite si da vježbate ili se ne miješate s ljudima koji prakticiraju seksualne gadosti, poput seks sa životinjama, incesta, pedofilije i drugih izopačenja. Međutim, ako vam bilo koji od ovih dođe i traži pomoć, nemojte odbiti suradnju.

Za kraj, imajmo zdravu seksualnu aktivnost bez ugrožavanja

duhovne strane. Njegujte etiku dobrote. Kao što je rekao određeni prijatelj, ponašajte se na način koji nikome ne nanosi štetu ili patnju.

Pohlepnost

Sve na ovom svijetu mora imati ograničenja i razumnost. Isto vrijedi i za jesti hranu i piće. Neka vas ne ponese sebičnost, pohlepa i jedite samo ono što je potrebno za preživljavanje. Kontrolirajući svoje instinkte, imat ćete priliku ići jasnijim i sigurnijim putem koji povezuje ono što Bog Otac želi. Koristite umjerenost i budite zadovoljni sa sobom.

Škrtost

Škrtost je težak grijeh koji praktičara vodi u more tuge i samoće. Vrednovanje sebičnosti, osoba se distancira od Boga i zamjenjuje za vrijednost materijalnih dobara. Braćo, razmislite i razmislite! Sva materijalna dobra su slabe konzistencije i kratkotrajna. Stoga ih nema smisla štovati.

Moramo cijeniti ono što je zaista važno: Boga, prvo, ljubav, obitelj i bližnjega. Pritom će mu se dodati sve stvari i u tome neće biti grijeha. Uvijek razmišljajte o dobru drugoga, ispunjavajte svoje obveze, činite dobročinstva i grijeh koji počinite na zemlji može vam se oprostiti i otkupiti. Budite više ljudi i tada možete vidjeti slavu Božju.

Htjeti

Ljutnja je loš osjećaj koji prati sve nasilne ljude. Ponašajući se s nerazumnom mržnjom, ti ljudi mogu fizički i verbalno napadati druge, pa čak i ubijati.

Ova neukrotiva zvijer oduvijek je progonila čovječanstvo i bila je uzrok nebrojenih tragedija. Vjerujem da je ova kategorija reakcije dio ljudske prirode, ali kao i svaka druga orijentacija može se promijeniti.

Vodite se primjerom Isusa, vjernog, krotkog i poniznog čovjeka i činite to drugačije. Poštujte, volite i zaštitite svog bližnjeg kao da je to s vašim roditeljima ili sa samim Bogom. Pritom će u vašem životu zasigurno vladati mir i spokoj, a sada ćete shvatiti da mržnja ili nasilje ne vrijede.

Taština

Taština je ovisnost koja pogađa mnoge ljude. Razmišljajući samo izvana, ove se osobe trude izgledati besprijekorno pred društvom da izazovu divljenje i zavist.

Ali kažem vam: čuvajte svoje tijelo, ali izbjegavajte pretjerivati. Najvažnije kod čovjeka nije njegova vanjština, već usredotočenost na blagotvorna djela koja čine unutrašnjost ljepšom. Na kraju, neće biti važno jeste li mršavi, debeli, lijepi ili ružni, bitna je vaša vječna duša. Stoga, pokušajte se držati zapovijedi starog i novog saveza i srodnih tema i postići ćete ono što tražite.

Lijenost

Neka vas ne preplavi nedostatak motivacije ili životne nesigurnosti. Uvijek pokušajte podići glavu i slijedite jer lijenost je loš grijeh koji vas može dovesti do propasti ako vas kontaminira.

Lijenost dovodi do bijede i samog nedostatka dostojanstva, čak vas ni rođaci neće poštovati. Dakle, pokažite za što ste sposobni: predstavite se spremni suočiti sa bilo kojom kategorijom situacije i krenite u borbu kamo god rat otišao. Time će izazvati divljenje sljedećeg i neće izgubiti bitku prije nego što je i pokušao. Sretno svima!

Zavist

Ovdje je tihi crv koji se nastanjuje u većini ljudi i pustoši. Brinući samo za živote drugih, zavidnik prestaje hodati svojim putem i stagnira u vremenu i u prostoru.

Pokušajte živjeti svoj život i nastojte postići svoje ciljeve koje će vas

Bog blagosloviti u svoje vrijeme. Svatko zaslužuje zajamčeni uspjeh, a s obzirom na to da se ne brinete za druge. Učini svoj dio koji će biti u redu jer si i ti Božje dijete. Imajte pozitivan stav prema životu.

Igra

Postoje dva oblika igre koja se moraju analizirati: slučajni igrač koji jednom ili više riskira sreću i nastavlja slijediti svoje obveze i uobičajeni igrač koji ne provede tjedan dana bez igre. Ovaj tip može učiniti sve da nahrani svoju ovisnost, uključujući zalaganje osobnih vrijednosti.

Ova druga vrsta najopasnija je za ljudsko biće koja dovodi do degradacije njegovog osobnog života. Čak i ako ponekad pobijedite, ovo samo podstiče vašu želju za kockanjem i obično dolazi do niza poraza koji vas vode u propast. Jedan od mojih apostola u "Ja sam" bio je profesionalni igrač i kroz grupno liječenje na kraju je prevladao svoje probleme, što je rijetkost. Ako ste kockar ili znate nekoga tko to jest, ne ustručavajte se potražiti specijaliziranu pomoć, jer je Bogu ugodno za čovjeka bez ovisnosti. Učini to drugačije i promijeni svoju ili drugu priču.

Droge

Droga je još jedna ovisnost koja pogoršava život ljudskog bića. Zakonito ili nedopušteno, narušava funkcioniranje organizma u njegovim vitalnim funkcijama. Nemojte se zanositi modom i ne pokušavajte ili ne koristite drogu. Bit ćete sretniji, zdraviji i ispunjeniji čovjek.

Tko koristi ili prometuje drogom, obično je umiješan u zločin, poput djece s ulice koja pljačkaju i ubijaju kako bi kupila drogu. Ovo je svetogrđe Bogu! Umjesto toga, ti bi dječaci trebali učiti ili u centrima za oporavak ovisnika o drogama koje je dužnost cijelog društva održavati.

Dakle, ako u obitelji imate nekoga tko je drogiran, nemojte odustati od njega. Inzistirajte na povratku u svakom pogledu i ako to ne možete sami, potražite pomoć. Pobjeda će biti postignuta i Bog Otac će vas blagosloviti.

Bog traži vjernog slugu i da bismo ga primili, moramo biti oslobođeni svih materijalnih i duhovnih droga. Budite čisti i slobodni. Budi sretan.

Držanje kod kuće

U svom domu, koji je jednostavan i skroman stan, slijedim neka osnovna pravila suživota: jednakost članova obitelji, poštovanje, ljubav i razumijevanje. Odnosi se na druge, jedno ne priznajem je prokletstvo tuđih života, a suprotno je uobičajeno u mnogim domovima širom svijeta. Dečki, razmislite o tome. Život druge osobe nije o nama i trebali bismo se brinuti samo o svom životu koji već ima svojih problema. Dakle, kao što je Isus rekao, ne sudite i neće vam biti suđeno. U istoj mjeri koju vi prosudite, morat ćete položiti račune i za svoje grijehe. Čime će platiti? Što čovjek može ponuditi u zamjenu za svoju dušu? Treba razmisliti da li se odnosi na sebe, obitelj, Boga i susjeda? Dakle, budite oprezni s divljim jezikom!

Učinak staklenika i njegovi uzroci.

Efekt staklenika je fizički proces koji se sastoji u tome kada dio infracrvenog zračenja koje emitira Zemljina površina apsorbira neki plinovi prisutni u atmosferi. U ograničenjima je ovaj učinak koristan jer održava planet toplim. Međutim, nekoliko čimbenika pridonosi intenziviranju ovog procesa, generirajući fenomen poznat kao globalno zagrijavanje. Među glavnima su sagorijevanje fosilnih goriva, neselektivna uporaba određenih gnojiva, krčenje šuma i otpad od hrane.

Najpoznatija fosilna goriva su mineralni ugljen, nafta i prirodni plin. Ovi se elementi kao gorivo proizvode oko dvadeset i jedne milijarde tona dioksida, pri čemu polovica ove proizvodnje dolazi u atmosferu. Ove brojke pokazuju ekološki i okolišni rizik koji preuzimamo kada ih koristimo, jer to pogoršava ekološko pitanje i ostavlja nas na milost i nemilost rastućeg zagrijavanja.

Što se tiče gnojiva, imamo dvije vrste koje se koriste: organske i anorganske. Organski sastojak izrađen je od prirodnih proizvoda poput ricinusa, humusa, algi i stajskog gnoja te pridonosi povećanju biološke raznolikosti tla i njegove produktivnosti. Već je anorganski napravljen od kemijskih proizvoda, a među njegovim komponentama su dušik, sumpor, magnezij i kalij. Kako ima veću dobit u produktivnosti, koristi se općenito. Međutim, glavne posljedice utječu na kvalitetu tla, zagađenje vode i onečišćenje zraka koje se sada rješavaju. Dokaz je pohlepa čovjeka da proizvede više, zaradi više novca čak i bez kvalitete, dovodeći svačiji život u opasnost.

Pitanje krčenja šuma još je složenije u Brazilu i u svijetu. Potaknuti demografskom eksplozijom i urbanizacijom, sve je češće pretvaranje zemljišta iz zatvorene šume u zemlju za pašnjake i poljoprivredu, uz sječu za izgradnju namještaja i opću upotrebu, otimanje zemljišta i podršku infrastrukturi poput civilne gradnje. Povezanost s problemom pogoršanja globalnog zatopljenja jest činjenica da se pri sječi i spaljivanju šume oslobađa ugljik što doprinosi efektu staklenika. Kako je ta činjenica neizbježna i postaje sve stalnija, problem se pogoršava. Istraživači i znanstvenici općenito o tim su čimbenicima već raspravljali. Neki ukazuju na održivi razvoj kako bi zaustavili ovaj proces. Po mom mišljenju, to je dobra alternativa i to je moguće, ali u suprotnosti postoji pogoršani industrijski, demografski i komercijalni rast koji nas tjera da živimo dilemu civiliziranog čovjeka u suprotnosti s razvojem.

Drugi je glavni problem rasipanje hrane koje je prema FAO-u već doseglo impresivnih 1,3 milijarde tona. Ova količina generira 3,3 milijarde tona plinova koji utječu na efekt staklenika uz trošak vode ekvivalentan godišnjem protoku rijeke Volge u Rusiji. S obzirom na ovaj scenarij, ono što se može učiniti kao korektivne mjere su: prioritet u smanjenju potrošnje hrane, uravnoteženje zakona ponude i potražnje; ponovno upotrijebite hranu na način koji se ne troši i naglasak na recikliranju.

Međutim, vidimo da postoje mnogi ozbiljni problemi zbog kojih je efekt staklenika i dalje problem koji treba prevladati. Međutim, postoji mogući put koji treba slijediti. Svaka mora odraditi svoj dio posla i zahtijevati pandan od vlada. Kako odraditi svoj dio? Korištenje obnovljivih materijala, štednja vode, energije, ne trošenje hrane, recikliranje otpada, kupnja proizvoda od tvrtki s pečatom kvalitete u upravljanju okolišem pokazuju predanost zaštiti okoliša s naglaskom na održivom razvoju. Napravit ćemo naš planet ugodnijim mjestom za život i da će to trajati mnogo, mnogo generacija. To je ono što Bog očekuje od ljudi.

Trgovina životinjama i biljkama.

Sve je veća potražnja za trgovinom divljih životinja i biljaka, djelatnošću koja ugrožava biološku raznolikost naših šuma. Motivacija je mnogo, od korištenja dijela životinja i biljaka u komercijalnim proizvodima do upotrebe životinja kao kućnih ljubimaca i upotrebe za sakupljače i zoološke vrtove. Ovo je tržište na kojem se procjenjuje da se kreće oko dvadeset milijardi dolara.

Još jednom, cijelo pitanje odnosi se na novac i čovjek sa svojom pogoršanom pohlepom ne mari da prevari i nanese patnju tim malim bićima. Suočeni s vladom koja je često troma, mi kao građani moramo osuditi sumnjičavo ponašanje i ne odobravati ovu agresiju svom prirodnom nasljeđu. Pridonijet ćemo pravednoj i dostojnoj zemlji.

Kretanje bez zemlje, bez hrane, beskućnika itd.

Te skupine ljudi traže putem udruge da se pridruže borbi podnoseći svoja prava. Ovaj je stav hvalevrijedan jer bi svi trebali imati jednake mogućnosti za razvoj. Zapisano je u brazilskom ustavu u šestom članku: Obrazovanje, zdravlje, hrana, rad, stanovanje, slobodno vrijeme, sigurnost, službeno socijalno osiguranje, zaštita materinstva, djetinjstvo i pomoć siromašnima socijalna su prava.

Ono što se ne može priznati jest da ove skupine u prosvjedima nanose štetu drugima jer naše pravo prestaje kad drugi počnu. Ako želite prosvjedovati, to morate činiti mirno kako ne bi naštetili nikome. Staviti se na mjesto drugog korisno je i ugodno Bogu.

Kapitalizam

Kapitalizam je prevladavajući ekonomski sustav u zapadnoj regiji svijeta gdje su proizvodni procesi uglavnom koncentrirani u rukama privatnog sektora. Ostale su mu karakteristike najamni rad, stvaranje proizvoda s profitom i konkurentne cijene. Iako potiče ekonomski rast, kapitalizam generira koncentraciju dohotka i posljedično socijalnu raslojenost i bijedu.

Kao očev savjetnik, primjećujem da radnik mora imati veću zahvalnost uz proširenje njegovih prava i veće poštivanje poslodavaca. Proces proizvodnje je trostruka ulica gdje su sirovine, radnici i financijski kapital moraju uvijek ići zajedno. Kad se postigne uspjeh, on pripada svima. Nadalje, nema razloga da se Bog miješa u sustave ljudske proizvodnje zbog pitanja slobodne volje.

Plastične operacije zbog taštine

Neki ljudi koji samo žele biti ljepši rade neprestanu plastičnu operaciju. Međutim, mnogo puta, njegova unutrašnjost ostaje ružna i prljava. Moja braća shvaćaju da vanjska strana nije bitna, da ćete postati stari i da će vaša ljepota proći. Pokušajte se u prvom redu brinuti o svojoj duši, bilo radom, pomažući drugima djelima i riječima. Njegova će djela definirati njegovu vječnu budućnost, a ako bude dobar, postići ćete istinsku sreću.

Nije zabranjeno brinuti se za svoje tijelo ili izvoditi kirurške zahvate zbog svog zdravlja i dobrobiti, ali izvođenje operacija samo zbog taštine veliko je gubljenje vremena. Stoga, prosudba braćo.

Abortus

Pobačaj je namjerno uklanjanje fetusa iz ljudske maternice i prema brazilskom zakonodavstvu klasificiran je kao zločin protiv života s prognozom pritvora u rasponu od jedne do deset godina, ovisno o slučaju. Vrlo kontroverzna i kontroverzna tema, o njoj se neprestano raspravlja na najvišim instancama sudova. Po zakonu se diskvalificira kao zločin u tri situacije: kada postoji opasnost za život trudnice, kada se trudnoća dogodi zbog silovanja.

Po Božjem mišljenju, život je svet bez obzira na situaciju. Dakle, ako je moguće da beba i majka prežive zajedno onda to mora prihvatiti onaj koji ih je generirao. Bog ne odobrava ponašanje pobačaja uopće i ljudi koji imaju bebe i jednostavno to odbacuju. Ako su bili dovoljno odgovorni za seksualnu vezu, moraju biti odgovorni i sa stvorenim bićem, koje je nevina osoba koja treba zaštitu i ljubav.

Suprotno povijesti, praksa kontracepcije i kondoma koji štite partnere u vezi ne može se smatrati grijehom kao što neke Crkve ističu. Obitelj i njihov odgoj odgovornost su para, a samo su oni zaduženi za otkrivanje koliko djece mogu odgojiti. Na taj način doprinose izbjegavanju prenaseljenosti koja bi bila glavni čimbenik velike krize na Zemlji. Što se tiče kondoma, on je uz faktor rođenja važan saveznik u prevenciji spolno prenosivih bolesti.

Pedofilija

To je poremećaj spolne sklonosti prema djeci (muškoj ili ženskoj) ili na početku puberteta. To je moj otac vrlo neodobren, jer ih se mora poštovati i čuvati u svojoj nevinosti.

Pedofili su bolesne osobe koje bi trebale potražiti liječenje. Beskorisno je željeti ih osuđivati ili osuđivati, već tražiti pomoć u njihovom procesu ozdravljenja. Iako je težak, oporavak je u potpunosti moguć. Odabrao sam pedofila za svog apostola u petoj knjizi iz serije "Vidjelica" pod naslovom "Jesam". Cilj je bio pokazati da svatko zaslužuje drugu šansu i ne treba mu prejudicirati, posebno u slučaju pedofilije, jer je to bolest.

Seks sa životinjama

To je spolni poremećaj definiran privlačnošću ili seksualnom povezanošću ljudi sa životinjama druge vrste. To je također stav koji moj otac jako ne odobrava.

Čovjek je s ljubavlju povezan s drugim parom iste vrste i ne treba tražiti životinju da bi se zadovoljio. Ovo je ozbiljan prekršaj, klasificiran je kao bolest i kao takav zahtijeva liječenje. Poput pedofila, i on ima mogućnost oporavka, a za to mu je potrebna sva podrška obitelji i prijatelja.

Incest

To je seksualna praksa s članovima obitelji ili bliskom rodbinom. To je još jedna zabranjena seksualna praksa za mog oca. Obiteljski odnosi trebali bi se odnositi samo na druženje i uzajamnu podršku bez uključivanja seksualnosti.

Muškarac ili žena trebali bi tražiti partnera izvan obiteljskog konteksta, jer se krv ne može miješati s njihovom krvlju. Ovo je vječni zakon koji se mora poštivati i koji je također dio etike.

Prostitucija

Braćo, vaše je tijelo hram Duha Svetoga; stoga moramo paziti da bude čisto i čisto. Tko se prostituira, gubi poštovanje društva i sebe. Dakle, to postaje bilo tko.

Moramo se cijeniti čineći ispravno. Nikad ne prihvaćajte izopačenost zbog novca, jer je to bogohuljenje protiv Bog. Vaša duša je najvažnija stvar koju morate sačuvati.

Isusov primjer ne osuđivanja Marije pokazuje da prošlost više nije važna. Moguće je promijeniti i pokajati se za svoje grijehe. Ako se bavite prostitucijom, promijenite svoj stav i postanite Jahvin sin.

Preljuba

Preljub ima partnera, supružnika i veze s drugim ljudima. Stav koji Bog ne odobrava vodi čovjeka u opasnu i sukobljenu "Tamnu noć duše".

Bolje je ne vjenčati se ili ne obvezati nego istodobno biti u zajedništvu i varati. Ova kategorija stava uništava povjerenje koje je najvažnije što par može imati međusobno. Na iznevjerenom je da analizirati mogućnosti i odluči što bi moglo utjecati na njegovu sreću.

Osim bračnog grijeha, to je i grijeh protiv Boga i protiv obitelji. Preljubnik se mora samo pokajati i pouzdati se u božansko milosrđe jer je njegova situacija doista komplicirana. Međutim, promjene su uvijek moguće i svi zaslužuju mogućnosti za pomirenje.

Seksualne orijentacije

Seksualna orijentacija osobe može se razlikovati između heteroseksualnosti, biseksualnosti, homoseksualnosti, aseksualnosti i opća spolnost. Vjeruje se da je to zbog genetskih čimbenika i stoga nema mogućnosti izbora.

Čovjek je ono što se rađa i to mora pretpostavljati i poštovati. Nije bitna spolnost muškarca, već njegov karakter. Uvjerenje da se Bog gadi homoseksualnosti neutemeljeno je. Ono što je zapisano u nekim knjigama nije proizašlo iz Bog jer ga poznajte jer je moj otac. Sve predrasude samo su ljudskog porijekla. Moj otac traži vjerne sluge u svim narodima i traži samo predanost njihovim stvarima. Zato, imajte više vjere, braćo, i živite svoju seksualnost na zdrav način. Ne suzdržavajte se jer zbog toga nećete biti osuđeni.

Evo, doći će vrijeme u budućoj zemlji kada će se ljudi slobodno voljeti. Imat ćemo parove homoseksualaca, heteroseksualaca ili bilo koja seksualna orijentacija koji žive u harmoniji. Na ovaj dan, koji će biti Jahvin dan, tolerancija i ljubav definitivno će pobijediti predrasude.

Znanstveno istraživanje s ljudima i životinjama.

Znanstvena istraživanja koja uključuju ljude i životinje moraju slijediti logičnu etiku koja poštuje prava osobe koja se ispituje. Povežite eksperimente s ljudima, postoji niz smjernica (Međunarodne etičke smjernice za istraživanja koja uključuju ljudska bića) kojih se treba pridržavati, a glavna je suglasnost subjekta ili zakonski zastupnik koji daje odobrenje za istraživanje. Ovo uz dovoljno objašnjenja rizika na koje trči. Nakon što su ovi koraci dovršeni, nema više pitanja o podršci slobodnom voljom obojice.

Vezano za eksperiment sa životinjama, trebalo bi pokušati što više izbjeći njihovu patnju i osigurati odgovarajuću hranu i sadržaje, jer je njihova upotreba u projektima često neophodna u potrazi za alternativnim načinima liječenja i liječenja raznih bolesti. Čovjek je središte stvaranja i uporaba životinja kako bi mu pomogla ne pokazuje se u suprotnosti s božanskim zakonima, jer mu je sve dao njegov otac.

Primjena matičnih stanica, uporaba umjetne oplodnje

Upotreba matičnih stanica moderna je medicinska metoda za liječenje različitih problema i bolesti čovjeka. Međutim, njegova je upotreba bila predmet mnogih kontroverzi i rasprava vjerskih, političara, laika, ukratko, svih sektora društva.

Moj je stav sljedeći: kad se matične stanice uklone iz vlastitog tijela pacijenta i pomoći će mu da liječi svoje zdravlje pružajući mu olakšanje i izglede za preživljavanje, zašto ga ne koristiti? Ostavimo predrasude po strani i uvidimo da ova metoda doista ima svoju vrijednost u liječenju karcinoma, Alzheimerove bolesti, bolesti srca, Parkinsonove bolesti, traume leđne moždine, srčanog udara, opeklina, dijabetesa , reumatoidnog artritisa, među ostalim. Ono s čime se ne slažem je generacija zametaka u tu svrhu i kloniranje. Tamo je ljudsko biće već uronjeno u polje stvaranja, što predstavlja veliku opasnost.

Odnosi se na umjetnu oplodnju , a njegova uporaba omogućava nekoliko prethodno neplodnih parova da imaju djecu. Cilj je plemenit, a čak i ako metode nisu opravdane, možemo reći da su prihvatljive. Ovaj je aspekt nepovoljan s vjerske strane, ali kao predstavnik Bog mogu reći da za to nema osude.

Trenutno javno zdravstvo

Živimo u vrlo složenoj situaciji u javnom zdravstvu. Nedostaju resursi, a ono što imamo slabo se primjenjuje, što generira neposredne posljedice za stanovništvo s nižom kupovnom moći. Uobičajeno je nedostatak liječnika općenito, lijekova i osnovnih materijala, prenatrpanost JIL-a (jedinice intenzivne njege), zanemarivanje njege, zbog čega mnogi umiru.

Sa svakim novim izborima dolaze obećanja o poboljšanju, ali tradicionalno problemi ostaju i pogoršavaju se. Što učiniti? Uz moć izbora tijekom općeg biračkog prava, svoja prava možemo zahtijevati i kao građanin radeći u skupinama zajednica koje nadziru vladu i čak se obraćaju sudu. Naše dužnosti ispunjavamo plaćanjem raznih poreza i naknada. Stoga imamo pravo na barem pristojno zdravlje. Učinit ćemo Brazil boljom zemljom, vođama i predstavnicima društva.

Javno obrazovanje

Ovo je još jedno područje u kojem se Brazil mora puno poboljšati u svakom pogledu. Glavni aspekti reforme su: veća raspodjela sredstava od strane vlade, veći nadzor nad primjenom tih sredstava, program kvalifikacija učitelja, poboljšanje plaća profesionalaca, primjereniji i raznovrsniji nastavni materijal, osnovna infrastruktura oprema, sigurnost, ulaganje u znanost i tehnologiju, između ostalog.

Ako se sve ispunjava do zadnjeg, imat ćemo obrazovanje od prihvatljivog do dobrog. Sa znanstvenim, tehnološkim, ekonomskim razvojem i posljedičnim stvaranjem radnih mjesta, naša zemlja ima sve mogućnosti da se istakne u svijetu, jer za to imamo ljudski materijal. Brazilac je najveće bogatstvo nacije.

Korupcija

Od oca imam poruku generalnim menadžerima. Povjerili ste kontrolu, koordinaciju i učinkovitost projekata s ciljem zajedničke dobrobiti. Ako se pobunite i ponašate se u svoju korist, zasigurno tragate putem koji će završiti dvorcem mrtvih. Tamo će biti plač i škrgut zuba kako bi se platio dug za grijeh.

Zapamtite da s ovog zemaljskog u duhovni svijet nećete odnijeti ništa osim svojih djela. Stoga se potrudite održati transparentnost, ispravnost i poštenje s javnim stvarima, što je vaša obveza kao predstavnika naroda. Napravite razliku pretvarajući živote mališana na bolje svojim postupcima, a ja ću vas blagosloviti i dati vam mnogo godina života.

Sigurnost

Suvremeni svijet otkriva svijet nesigurnosti za građane u gotovo cijelom svijetu. Nasilje posvuda proganja dobrog građanina i čini mi se da javni napori na ovom području nemaju puno učinka. Napadi, prijevare, prijevare, prijevare, fizička i verbalna agresija postali su toliko česti da se žrtve niti ne trude podizati optužnice. Što učiniti pred takvom katastrofalnom stvarnošću?

Prije svega, potrebno je preoblikovati kazneni zakon, koji je vrlo širok, sa strožim kaznama za nužne situacije, čime se inhibira zločin. Uz to, potrebno je zatvorenika ponovo uvesti u društvo kad je to moguće putem ozbiljnih javnih politika i programa. Većinu vremena predrasude i odbijanje vladaju kod novooslobođenih zatvorenika. Ostale važne mjere su: smanjenje ekonomske i socijalne nejednakosti, valorizacija državnih službenika povezanih s ovim područjem i veće pojašnjenje stanovništva u odnosu na vlastite preventivne mjere.

Mir i spokoj mogući su jednog dana ako se udruže veliki napori društva i vlade. Kaznit ćemo krivce, pružit ćemo im drugu priliku ponovnim uvrštavanjem u društvo i, ako ponove, postupati čvrsto u skladu sa zakonom, jer u zajednici ili u kraljevstvu Božjem nema mjesta za one koji traže jedinstvenu svrhu šteteći drugima. Bog traži pravedne i dobre.

Štrajk

Štrajk je zakonski zajamčeno pravo svim kategorijama radnika koji traže poštenje uvjete rada. U pravnom smislu, koji jamči obavljanje usluge u trideset posto (bitno), radnik ima svako pravo da se izjasni i zahtijeva poboljšanja.

Izvrstan je alat za pregovaranje između štrajkača i poslodavaca i često postiže važan napredak u javnoj službi i općenito o kvaliteti života poslužitelja. Stoga je svaki štrajk valjan i bitan u borbi za prava.

Živi sadašnjost

Uživajte u svakom važnom trenutku svog života. Živite sadašnjost na takav način da nema budućnosti. Rijetki trenuci sreće čine život vrijednim življenja.

Ne brinite o svojoj prošlosti ili onome što dolazi. Pokušajte činiti dobro danas kako biste se osjećali ispunjeno. Nastavite sa svojim životom uvijek s optimizmom, ustrajnošću i vjerom.

Samoubojstvo

Pokušaj uništenja vlastitog života ozbiljan je grijeh protiv Boga. Moramo nastaviti sa svojom misijom bez obzira na rezultate i posljedice, jer ovo treba biti pobjednik. Predaja definitivno nije najbolje rješenje za nikoga.

Ljudi koji žele završiti svoj život često doživljavaju duboku depresiju s kojom se mora suočiti. Uz savjete profesionalaca i pomoć prijatelja moguće je preokrenuti situaciju i osoba će se vratiti u normalan život. Život na zemlji dar je od Boga i ni pod kojim okolnostima se ne može izgubiti.

Depresija

Depresija je problem koji muči sve više i više ljudi. Uzet kao moderna bolest, uzrokuje da žrtva potpuno izgubi srce, što često stvara ozbiljne posljedice. Obično se pokreće iz nekog razloga: ljubavno razočaranje, profesionalna frustracija, veliki gubitak, izdaja, između ostalog.

Liječenje depresije kreće se od praćenja psihologa do primjene lijekova, ovisno o slučaju. U blažim slučajevima bit će dobar razgovor.

Ako osjetite bilo kakve simptome trajnog obeshrabrenja, nemojte se ustručavati potražiti pomoć stručnjaka. Što prije to bolje. Pazite na sebe i budite sretni.

Krijumčarenje droge

Ova se aktivnost sastoji od komercijalizacije tvari koje vlade smatraju ilegalnima. Općenito, trgovina ljudima povezana je s kriminalom i subverzijom. Procjenjuje se da ova trgovina pomiče vrijednosti veće od potrošnje na hranu.

Po mom i mojem ocu, ljudsko biće nema potrebu pribjegavati bilo kojoj kategoriji droge da bi se osjećalo sretno, hrabrije ili ispunjenije. Sreća dolazi iz osobnih postignuća i nije fizički učinak. Stoga treba izbjegavati lijekove i na njihovu komercijalizaciju staviti učinkovita sredstva represije kako bi se izbjegla njihova konzumacija. Za svijet bez droge i nasilja!

Trgovina ljudima

To je uglavnom regrutirana trgovina ljudima u seksualne svrhe, prisilni rad i vađenje organa. Premještanje desetaka milijardi dolara godišnje, jedna je od najbrže rastućih kriminalnih aktivnosti.

Budući da je to kršenje ljudskih prava, međunarodne konvencije i moj otac ga neprestano osuđuju. Tko prakticira ovaj zločin, u duhovnoj i građanskoj je situaciji u složenoj situaciji.

U tim se slučajevima mora učiniti preventivni i represivni rad koji otežava djelovanje kriminalaca. Preventivno se odnosi na oprez pri prijedlozima stranaca, uglavnom u vezi s unosnim poslovima u inozemstvu, i represiju u smislu da se ne boji prijaviti sumnjive slučajeve. Osim što će ljude osvijestiti da ne traže usluge koje nude ovi vandali. Ako ljudi nisu zainteresirani, potražnja za trgovinom ljudima bit će puno manja.

Zajedno se možemo boriti protiv ovog društvenog zla, koje je uvreda takozvanog organiziranog društva. Svako je ljudsko biće slobodno donositi odluke, imati rad i dostojanstvo. Stoga osuđujem trgovinu ljudima.

Pohlepa

Pokušajte se pobrinuti za vlastiti život i ne želite za sebe ono što pripada drugome. Svatko ima samo ono što zaslužuje i strpljivo čeka, jer će doći red na njega i tada će moći uživati u plodovima vlastitog rada.

Ne postoji čarobna formula za uspjeh. Morate imati fokus, predanost, dobro planiranje, kompetentnost, ustrajnost, strpljenje i vjeru. Prepreke koje dolaze na putu služe nam za jačanje i osposobljavanje za velike pobjede. Bog želi dobro svima i blagoslovit će njegov trud u dogledno vrijeme.

Misija

„Evo, šaljem vas kao ovce među vukove. Stoga budite razboriti kao zmije i jednostavni poput golubova. Budite oprezni s muškarcima.

Ova Isusova poruka upućena apostolima pokazuje temeljne savjete za sve kršćane, a odnosi se i na druge denominacije: Velika većina svijeta sastoji se od opakosti i pobune i kao rezultat toga, moramo biti oprezni sa svojim postupcima i riječima. Ovo nije kukavičluk i mjera predostrožnosti kako bismo mogli imati podnošljiv i zdrav suživot sa skupinama s interesima drugačijima od naših.

Poštovanje i tolerancija također su temeljni za održavanje mira i harmonije. Budimo poput Isusa, jednostavni i ponizni u srcu i kroz prave ćemo elemente svojim svijetom moći osvojiti svijet. To će biti veliko postignuće, jer mnogi ljudi i denominacije više vole ciljeve osvajati snagom, a to samo povećava, nesigurnost i nasilje. Učinimo to drugačije i budimo istinski apostoli tjelesnog Božjeg sina.

Prepoznaj se grešnikom

Sva su ljudska bića nesavršena, nema niti jednog savršenog. Stoga prepoznajmo svoje greške, prilijepimo se za nebeske sile i obučemo novog čovjeka. Preobraženi snagom svjetlosti, moći ćemo dobiti bitku protiv naše tame.

Nemojte imati ponos, taštinu, ljutnju, zavist ili bilo kakav osjećaj samodostatnosti, jer smo slabi i ovisni o očevoj milosti. Upravo se u slabosti proizvode snaga i dokaz moje beskrajne ljubavi i mojih očeva prema čovječanstvu. S obzirom na to, braćo vjero, puno vrijedite!

Duhovne dimenzije

Većina ljudi još uvijek sumnja u zagrobni život i duhovne dimenzije. Nebo, pakao, grad ljudi i čistilište neke su takozvane savjesti duša. To je zato što se ti planovi ne odnose na fizička mjesta, već na duhovna stanja.

Stoga, u tijelu ili duhu, čovjek živi sa svojom stvarnošću prema svojoj evoluciji. Dimenzije su u nama. Uzimajući u obzir ovo, napravimo danas svoj put do puta dobrote i iskoristimo nebo upravo ovdje na zemlji.

Invalidi

Invalidi su posebni ljudi koje otac jako voli, a prema njima se mora postupati s ljubavlju i poštovanjem. Ovisno o problemu koji imaju, u potpunosti su sposobni za rad, izlaske, šetnju i normalan život.

Biti invalid nije sramota za nikoga. Ono što je sramotno je okrutnost, kriminal, laž i zloba uopće. Važno je napomenuti da je većina nedostataka genetska i da moj otac ne može biti odgovoran za to. Uobičajenije je pripisivati prirodu većoj pravdi.

Invalidima, živite svoj život s mirom i radošću, budite sluga Božji i vaša vas invalidnost neće ostaviti s manje zasluga. Jednostavno ga čine posebnim. Vaši će stavovi i djela odrediti vašu sudbinu.

Vrijednost kulture

Brazilska kultura raznolika je i sastoji se od različitih aspekata koji su bili odgovorni za formiranje našeg stanovništva: crnaca, Indijanci i bijelaca. Stoga imamo neizmjerno bogatstvo koje možemo podijeliti sa svijetom.

Vrijednost i poticanje kulture u cijelosti. Poklonite sebi ovu dokolicu: idite u kino, kazalište, cirkus, stadion, čitajte knjigu u spokojnosti svog doma. To će sigurno imati veliku vrijednost za vaš život, jer je stjecanje mudrosti presudno.

Ne boj se

Vi ste Božje dijete i otac vas jako voli. Osjećajte se sretnim zbog dara života. Čak i ako su izazovi i problemi ogromni, suočite se s njima hrabro, ustrajno i s vjerom. Potpuno je moguće pobijediti. Samo nemojte popustiti i ne bojte se riskirati.

Otac i majka kao obiteljske sjekire.

Otac i majka moraju biti glavni oslonac kuće u financijskom, emocionalnom, duhovnom i moralnom aspektu. Zauzvrat, djeca moraju biti poslušna i puna ljubavi. To je međusobna razmjena između njih koja će se odvijati do kraja života.

U starijoj dobi zaštita i briga o djeci ključni su za starije osobe da počivaju u miru. To je više nego samo zato što su se, kad smo bili mladi, o nama brinuli. Dakle, upamtite to i ne budite nezahvalni prema roditeljima.

Razumnost i proporcionalnost

Razumnost i proporcionalnost moraju se uzeti u obzir u svim vašim aktivnostima na zemlji. Koristeći ih, ljudsko biće štedi beskorisne napore i usredotočuje se na najvažnije.

Učinkovitost, pravda, dobra analiza, strpljenje i vjernost također su važni, jer oni grade prikladnu, ratobornu i pobjedničku osobnost. Sretno svima u vašim nastojanjima.

Preziri sebičnost

Što god morate učiniti, usrećite ga zbog drugog. Izbjegavajući sebičnost, u duši procvjeta jedna od velikih vrlina koju Bog cijeni: Veličanstvenost. To je smisao života: služiti drugima i svemiru ne očekujući pandan.

Ni ne sluteći, vaši će se projekti i snovi ostvariti jer vas Bog blagoslivlja. U budućem ćete kraljevstvu imati posebno mjesto s mojim ocem i sa mnom i ništa vam se neće dogoditi tijekom vašeg boravka na Zemlji. Moramo promijeniti stereotip neljudskosti i ravnodušnosti koji se ističe u ljudima time što smo savršeni apostol uskrslog Krista. Međutim, da biste to učinili, morate biti svjesni svoje velikodušne uloge u životima svih oko sebe. S obzirom na ovo, nemojte oklijevati. Uvijek dobro radite s odvojenošću.

U pobjedi i neuspjehu

Uživajte u svakom trenutku svog života. Učinite kratke trenutke što važnijima jer vrijeme prolazi. Nitko neće uzeti ništa s ove zemlje osim njegovih djela i sreće u kojoj je uživao.

Uvijek imajte na umu: u pobjedi ili neuspjehu ostanite jaki i snažni duhom. Vaš uspjeh i sreća ovise o vašoj snazi. Nikad ne diskreditirajte beskrajnu snagu i ljubav svog oca koji je na nebu. Istaknite ovaj naslov "Božjeg sina" sadnjom dobrog sjemena i širenjem radosti i udobnosti kamo god krenuli.

Budi istinska svjetlost

"Hodao sam pustim mjestom ugušenim intenzivnim sjenama koje su me progonile. Kad sam učinio dobro djelo, moje je unutarnje svjetlo postajalo sve jače i postupno je odagnalo tamu. Na kraju puta potpuno su nestali".

Ova elegantna fraza sadrži značenje biti kršćanin. Ovce smo među vukovima koji nas žele pojesti. Da bismo se suočili s njima, moramo nastaviti sa svojim dobrim djelima na takav način da zlo više ne utječe na nas. Što više nastoji teto ćete više rezultata postići prema maksimalnoj odmazdi.

Zaključak

Dakle, došli smo do kraja otkrivene riječi. Nadam se da će ovih nekoliko ovdje napisanih redaka poslužiti kao utjeha, prosvjetljenje i nadahnuti vas da postanete bolji čovjek.

Sve pripada mom ocu: moja duša, moja snaga, moja ljubav i moj dar. Stoga, sve što je ovdje dolazi od njega u vaša srca. Iskoristite ovaj dar i upoznajte malo više o ovom divnom biću koje cilja samo na vaše dobro. Bit ćete oduševljeni i sretni. Zagrljaj svima i do sljedeće knjige.

Kraj

www.ingramcontent.com/pod-product-compliance
Lightning Source LLC
LaVergne TN
LVHW020443080526
838202LV00055B/5319